LANGUAGE LEARNING

CD-ROM • CD-Audio

Добро пожаловать!

Willkommen

ようこそ

Bienvenue

Welcome

TALK NOW!

- Age 9–90
- For complete beginners
- Essential words and phrases

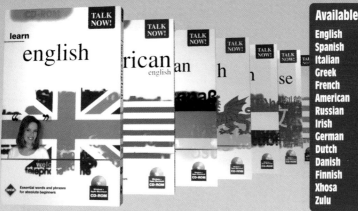

Available to learn:

English	Africaans
Spanish	Swedish
Italian	Norwegian
Greek	Portuguese
French	Welsh
American	Cantonese
Russian	Mandarin
Irish	Japanese
German	Turkish
Dutch	Hebrew
Danish	Polish
Finnish	Arabic
Xhosa	Hungarian
Zulu	Icelandic

Talk Now! For beginners

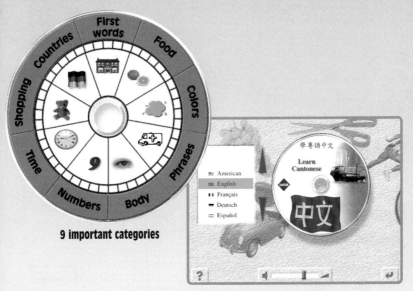

9 important categories

Help on every CD in 45 langauges

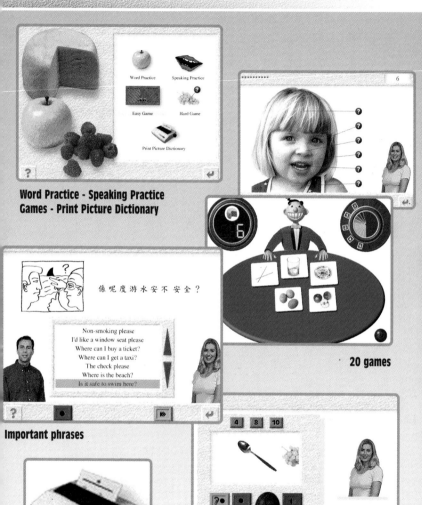

**Word Practice - Speaking Practice
Games - Print Picture Dictionary**

20 games

係呢度游水安不安全？

Non-smoking please
I'd like a window seat please
Where can I buy a ticket?
Where can I get a taxi?
The check please
Where is the beach?
Is it safe to swim here?

Important phrases

**Print your own colour picture
dictionary and GOLD award.**

Record your voice

If you need the basics of a language in a hurry, Talk Now is for you!

MULTIMEDIA FLASHCARDS!

- Age 2–12
- Try to get the "Gold–Perfect" Award!
- Record your own movie

Multimedia Flashcards
For Young Children

Learn – Games – Record

Spoken help in 40 languages from terrifically talented animated tiger

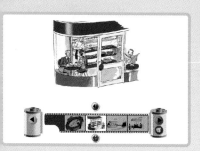

Words

Plurals

"Where is the gorilla?"

Beat the clock

"The frog is on the leaf"

Record your own story

head start for children !

- Age 9 – 90
- A little previous knowledge of the language required
- Cartoon stories of Asterix the Gaul brought to life on your computer

2 CD-ROMs

Available to learn:

English	Spanish
French	German
Italian	Latin

Language Learning with Astérix and Obélix!

Lots of language activities

CLICK THE BUBBLE TO CHANGE THE QUESTION.

CLICK OBELIX OR ASTERIX TO HEAR THE QUESTION AND THEIR ANSWER.

Why do you fight Romans?

END

Interview Astérix and Obelix

Translations and Teachers notes

Starring Chief Vitalstatistix as your Quiz Master!

Practice listening

The recording studio

Which character would you like to record?

- Age 9 — 90
- Develop listening and speaking skills
- Get down to some serious language and test your skills!
- Situations include shopping, restaurants, leisure, and more

Learn English

Listen! — Disc One
Ten interactive english lessons
ISBN 0-435-29639-6

Listen! — Disc Two
Ten more interactive english lessons
ISBN 0-435-29639-X

Listen! — Two Disc Set
ISBN 0-435-29641-8

Learn French

Ecoutez Bien! — Disc One
Dix leçons de français interactives
ISBN 0-435-26005-7

Ecoutez Bien! — Disc Two
Dix autres leçons de français interactives
ISBN 0-435-26006-5

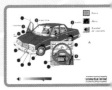

Ecoutez Bien! — Two Disc Set
ISBN 0-435-26007-3

- Record your voice and perfect your accent
- Print a certificate if your score is high enough!

Heineman

Stories from the Jungle Book
Rudyard Kipling
ISBN 1-898-60820-2

Just So Stories
Rudyard Kipling
ISBN 1-898-60819-9

Felicity Kendal

Bliss — and other stories
Katherine Mansfield
ISBN 1-898-60822-9

Bill Bingham

The Ugly Duckling — and other stories
Hans Christian Andersen
ISBN 1-898-60823-7

Nonsense Songs
Edward Lear
ISBN 1-898-60821-0

Sarah Miles

The Happy Prince — and other stories
Oscar Wilde
ISBN 1-898-60824-5

Robert Powell

Learn English

Story World — Disc 1

Stories include:
Incy Wincy Spider
Three Billy Goats Gruff
Humpty Dumpty
Goldilocks and the Three Bears

Activities include:
Colouring, Match the cards, Find the animals

ISBN 0-435-29164-5

Story World — Disc 2

Stories include:
Jack and Jill
Hickory Dickory Dock
Little Red Riding Hood
Jack and the Beanstalk

Activities include:
Counting, Guess the animals, Telling the time

ISBN 0-435-29165-3

2-Disc set

ISBN 0-435-29167-X

- Spoken help provided in 18 languages from a friendly dragon!

English

EuroTalk language learning discs aim to help you understand and speak a new language. By hearing and practising authentic every-day speech, your natural ability for language will develop. Four year olds in their own country can't read, write or understand grammar, yet they can communicate very effectively. When you go to a new country, you should be able to use the language without thinking about the grammar at all.

Each EuroTalk CD has a section where you can discover and absorb the language but the real learning process starts when you do the games and quizzes. Don't be frightened to start with these - you will be amazed at how much you get right even when you only know a few of the words. Your confidence will grow as you get more and more questions correct. Get our Bronze Award and you will want to keep going for Gold!

An important feature of the discs is the unique 'recording' feature. This allows you to hear and compare your voice with a variety of native speakers. By mimicking the actors (sometimes better done in a room on your own!) you will soon see how rewarding language learning with EuroTalk is.

Above all, EuroTalk discs are designed to be fun. Research in the early 1990's at the University of California revealed that memory is greatly improved when accompanied by fun and laughter. Our quizzes, games and stories provide this and you will be amazed how much you remember after a suprisingly short time devoted to a disc.

Italiano

I dischi di apprendimento linguistico Euro-Talk sono stati realizzati per aiutarvi a capire ed a parlare una nuova lingua. Ascoltando ed esercitandovi nella lingua parlata autentica, svilupperete la vostra abilità naturale per la lingua. I bambini di quattro anni in genere non sanno né leggere, né scrivere, né capire la grammatica, ma sanno comunicare in modo estremamente efficace. Quando vi recate in un nuovo paese, dovreste riuscire ad usare la lingua ed esprimervi senza pensare affatto alle regole grammaticali.

Ciascun CD EuroTalk contiene una sezione dove potete scoprire e assorbire la lingua, ma il vero processo d'apprendimento inizia quando svolgete i giochi e i quiz. Iniziate con questi senza alcuna apprensione; vi sorprenderà il numero di quelli che riuscirete a risolvere correttamente, anche se conoscete solo alcuni dei vocaboli. La vostra fiducia crescerà con il progressivo aumento delle risposte esatte. Fate vostra la nostra medaglia di bronzo e vorrete mirare a quella d'oro!

I CD sono forniti con l'eccezionale e unica 'funzione di registrazione', che vi consente di sentire e mettere a confronto la vostra voce con quella di diverse persone di lingua madre. Imitando gli attori (a volte vi sentirete più a vostro agio se siete da soli!), vi renderete presto conto dei benefici e della soddisfazione dell'apprendimento di una lingua straniera con EuroTalk.

Soprattutto, i CD EuroTalk sono studiati per farvi divertire. Le ricerche condotte negli ultimi cinque anni presso la 'University of California' hanno indicato come la capacità di memoria sia migliore quando lo studio è unito al divertimento e al riso. I quiz, i giochi e le storie di EuroTalk vi danno tutto questo e sarete sorpresi da quanto riuscirete a ricordare dopo un tempo sorprendentemente breve trascorso leggendo un CD.

Magyar

A EuroTalk nyelvtanulási CD-k segítenek Önnek az idegen nyelvek megértésében és használatában. A realisztikus mindennapi beszéd hallgatása és gyakorlása közben fejlo"dni fog természetes nyelvkészsége. A négyéves gyerekek nem tudnak még olvasni, írni, mit sem tudnak a nyelvtanról, mégis nagyon hatékonyan kommunikálnak. Amikor külföldre utazik, Önnek is úgy kellene használnia a nyelvet, hogy közben ne kelljen a nyelvtanra gondolnia.

A EuroTalk CD-nek van egy olyan része is, ahol felfedezheti a nyelvet, és megismerheti sajátosságait, de az igazi tanulási folyamat akkor kezdo"dik, amikor nekifog a játékoknak és rejtvényeknek. Ne féljen rögtön ezekkel kezdeni - meg fog lepo"dni rajta, hogy milyen sokat meg tud oldani még kevés szókinccsel is. Önbizalma növekedni fog, ahogy egyre több kérdést helyesen válaszol meg. Szerezze meg a Bronzérmet, és meg sem akar majd állni az Aranyéremig!

A CD-k fontos jellemzo"je a különleges 'hangfelvételi' leheto"ség. Ez leheto"vé teszi, hogy meghallgassa és összehasonlítsa a hangját különbözo" anyanyelvi beszélo"kével. A színészek hangjának utánzásával (amit talán jobb, ha a szobájában gyakrol) hamrosan rájön, milyen hasznos a EuroTalkkal tanulni.

A EuroTalk lemezek fo" célja a vidámság. Az 1990-es évek elején a kaliforniai egyetemen végzett kutatások kimutatták, hogy jobban fejlo"dik az emlékezo"tehetség, ha vidámság és nevetés társul hozzá. Rejtvényeink, játékaink és történeteink erre épülnek. El fog ámulni rajta, hogy milyen sok mindenre fog emlékezni a CD-nek szentelt meglepo"en rövid ido" alatt!

Svenska

EuroTalks språkdisketter hjälper dig att förstå och tala ett nytt språk. Genom att lyssna på och öva autentiskt vardagsspråk utvecklar du din naturliga språkförmåga. En fyraåring kan varken läsa eller förstå grammatik, men kan ändå kommunicera mycket effektivt på sitt eget språk. När du reser till ett annat land bör du kunna använda språket utan att behöva tänka på grammatiken.

Varje EuroTalk-CD har en sektion där du kan upptäcka och ta till dig språket, men den verkliga inlärningen sker först när du gör spelen och frågorna. Var inte rädd för att börja direkt med dessa, du kommer att bli förvånad över hur många rätt du kan få även när du bara kan några få ord. Ditt självförtroende ökar när du får fler och fler rätt på frågorna. När du får din bronsmedalj kommer du att vilja satsa på guld!

En viktig del av disketterna är deras unika "inspelningsmöjlighet". Denna gör det möjligt för dig att höra och jämföra din egen röst med ett antal infödda röster. Genom att härma rösterna (något som kan passa bäst att göra på egen hand) kommer du snart att inse fördelarna med EuroTalks språkundervisning.

EuroTalk är framför allt avsett att vara underhållande. En undersökning, som utfördes vid University of California i början på nittiotalet, visade att minnesförmågan förbättras avsevärt om inlärningen är rolig och underhållande. Våra frågetävlingar, spel och historier är underhållande och du kommer att bli förvånad över hur mycket du kommer ihåg redan efter en kort tids arbete med en diskett.

Español

Los diskettes para el aprendizaje de idiomas EuroTalk le ayudan a comprender y a hablar una nueva lengua. Mediante la audición y práctica de la auténtica habla diaria, se desarrollará su habilidad natural para el idioma. En su propio país, los niños de cuatro años no saben leer, ni escribir, ni entienden de gramática, sin embargo, pueden comunicarse con eficacia. Cuando usted viaje a otro país, deberá ser capaz de hablar el idioma sin pensar en la gramática.

Cada CD EuroTalk cuenta con una sección donde usted puede descubrir y absorber el idioma, aunque el verdadero proceso de aprendizaje comienza cuando usted practica los juegos y concursos. No tema comenzar por ellos - se asombrará de lo mucho que acierta incluso sólo conociendo pocas de las palabras. Su confianza se incrementará a medida que responda correctamente a más y más preguntas. ¡Obtenga su Galardón de Bronce y deseará seguir practicando hasta alcanzar el de Oro!

Una característica importante de estos diskettes es su singular capacidad de "grabación". Esta le permite oír y comparar su voz con una variedad de hablantes nativos. Mediante la imitación de los actores (iactividad que generalmente realizará mejor usted sólo!), pronto descubrirá lo gratificante que resulta aprender idiomas con EuroTalk.

Hay que destacar que los diskettes EuroTalk se han diseñado para disfrutar. Investigaciones realizadas a principios de los años 90 en la Universidad de California revelaron que la memoria mejora si el aprendizaje va acompañado de diversión y amenidad. Nuestros concursos, juegos e historias proporcionan estos factores; usted se sorprenderá de lo mucho que recuerda después de haber trabajado durante un corto período de tiempo con el diskette.

Français

Les disques EuroTalk pour l'apprentissage des langues ont pour but de vous aider à comprendre et à parler une nouvelle langue. En entendant et en répétant des phrases authentiques de tous les jours, vos aptitudes naturelles en matière de langage se développeront. Les enfants de quatre ans ne savent ni lire, ni écrire, ni comprendre la grammaire de leur propre langue, et pourtant ils communiquent très bien. Lorsque vous allez dans un pays pour la première fois, vous devriez pouvoir utiliser la langue sans penser du tout à la grammaire.

Chaque CD EuroTalk comporte une partie qui vous permet de découvrir et d'absorber la langue, mais le processus d'apprentissage commence vraiment lorsque vous passez aux jeux et questions. N'hésitez pas à vous lancer - vous serez surpris de voir le grand nombre de questions auxquelles vous pourrez répondre, même en ne sachant que quelques mots. Comme vous répondrez correctement à un nombre croissant de réponses, vous prendrez de plus en plus d'assurance. Après avoir obtenu notre médaille de bronze, vous n'aurez qu'un désir : continuer pour remporter la médaille d'or !

La possibilité "d'enregistrement" est une caractéristique importante et unique de ces disques. Elle vous permet d'entendre et de comparer votre voix à celles de toute une variété de personnes parlant leur langue maternelle. En imitant les acteurs (il vaut parfois mieux attendre d'être seul dans la pièce !), vous vous apercevrez très vite qu'en apprenant les langues avec EuroTalk vos efforts sont bien récompensés.

Mais par-dessus tout, les disques EuroTalk sont conçus pour être amusants. Des recherches menées au début des années 90 à l'Université de Californie ont révélé que la mémoire est beaucoup plus efficace si l'on apprend en riant et en s'amusant. C'est justement le but de nos questions, jeux et histoires, et vous serez étonné de voir tout ce dont vous vous souviendrez au bout de quelques séances d'apprentissage seulement.

EuroTalk språkplater tar sikte på å hjelpe deg til å forstå og snakke et nytt språk. Din naturlige språkevne blir utviklet fordi du hører, og kan øve deg på, autentisk dagligtale. Fireåringer kan ikke lese eller skrive sitt eget språk - de forstår heller ikke grammatikken - likevel er de flinke til å kommunisere. Når du kommer til et annet land, burde du kunne snakke språket uten å tenke på grammatikken i det hele tatt.

Alle EuroTalk CD-plater har avsnitt hvor du kan utforske og absorbere språket, men den egentlige læreprosessen begynner med spillene og spørrelekene. Ikke vær redd for å begynne med dem - du vil bli overrasket over hvor mange riktige svar du får selv om du kan bare noen få ord. Selvtilliten øker etterhvert som du svarer riktig på stadig flere spørsmål. Når du vinner bronse vil du gjerne holde på til du får gull!

En av de viktigste egenskapene ved disse CD-platene er at du kan 'spille inn'. Du kan bruke denne funksjonen til å høre deg selv og sammenligne uttalen din med en rekke innfødte stemmer. Ved å etterligne skuespillerne (kanskje helst når du er alene!) oppdager du snart hvor lett det er å lære språk med EuroTalk.

Fremfor alt skal det være moro å lære med EuroTalk. Forskning ved University of California tidlig på 90-tallet viste at det er adskillig lettere å huske det man lærer hvis man samtidig kan le og ha det moro. Spørrelekene, spillene og fortellingene bygger på denne erfaringen og du vil bli overrasket over hvor mye du husker selv om du bare spiller en plate en kort tid.

De taalverwervingsdiskettes van EuroTalk zijn bedoeld als hulpmiddel bij het begrijpen en spreken van een nieuwe taal. Bij het horen en oefenen van authentiek alledaags taalgebruik ontwikkelt u uw natuurlijke aanleg voor taal. Vierjarigen in hun eigen land kunnen niet lezen, schrijven of grammatica begrijpen en toch kunnen ze heel goed communiceren. Als u naar een nieuw land gaat, moet u de taal kunnen gebruiken zonder aan de grammatica te hoeven denken.

Elke EuroTalk CD heeft een onderdeel dat u in de gelegenheid stelt om de taal te ontdekken en in u op te nemen, maar het echte leerproces begint als u de spelletjes en quizzen doet. U hoeft niet bang te zijn om hieraan te beginnen - u zal er versteld van staan hoeveel u goed heeft zelfs al kent u maar een paar van de woorden. Uw zelfvertrouwen groeit naar gelang u steeds meer vragen goed beantwoordt. Behaal het Brons, onze prijs, en daarna houdt u niet meer op totdat u Goud heeft behaald!

Een belangrijke eigenschap van de diskettes is de unieke 'opname' mogelijkheid. Zo kan u uw eigen stem horen en vergelijken met die van verschillende moedertaalsprekers. Als u de acteurs na probeert te doen (soms kan men dat beter in een aparte kamer doen!) dan zal u merken hoeveel resultaat het leren van een taal met EuroTalk oplevert.

Bovendien zijn de diskettes van EuroTalk samengesteld om er plezier bij te hebben. Onderzoek in de vroege negentiger jaren aan de Universiteit van Californië heeft aangetoond dat het geheugen aanzienlijk verbeterd wordt als het vergezeld gaat met plezier en lachen. Onze quizzen, spelletjes en verhalen zorgen hiervoor en u zal er versteld van staan hoeveel u zich herinnert na een verrassend korte werkperiode met de diskette.

EuroTalk Sprachkurs-Discs helfen Ihnen, eine Fremdsprache nicht nur zu verstehen, sondern auch zu sprechen. Sie hören und üben echte Alltagssprache, und Ihr natürliches Sprachgefühl entwickelt sich ganz nebenbei. Vierjährige Kinder, die in ihrem Heimatland aufwachsen, können weder lesen noch schreiben, verstehen auch nichts von Grammatik, können sich jedoch ausgesprochen gut mitteilen. Wenn Sie ein neues Land besuchen, sollten Sie in der Lage sein, die Landessprache zu sprechen, ohne sich den Kopf über die Grammatik zerbrechen zu müssen.

Jede EuroTalk-CD hat einen Abschnitt, der zum Entdecken und Aufnehmen der Sprache dient, aber der tatsächliche Lernprozeß beginnt, wenn Sie mit den Spiel- und Quizteilen arbeiten. Keine Angst! Sie werden überrascht sein, was Ihnen alles gelingt, selbst wenn Sie nur einige Wörter verstehen. Je mehr Fragen Sie richtig beantworten, umso schneller wächst Ihr Selbstvertrauen. Wenn Sie erst einmal unsere Bronzemedaille gewonnen haben, dann wollen Sie garantiert weitermachen, bis Sie auch die Goldmedaille haben!

Ein wichtiges Merkmal der Discs ist die einzigartige Einrichtung zum 'Aufnehmen'. Damit können Sie Ihre eigene Stimme hören und Ihre Aussprache mit einer Vielzahl von Muttersprachlern vergleichen. Ahmen Sie ganz einfach die Stimmen der Schauspieler nach (wahrscheinlich sind Sie unbefangener, wenn Sie diese Übungen allein und ohne Zuhörer in einem Raum machen!) und Sie werden im Nu sehen, wieviel Ihnen ein EuroTalk-Sprachkurs bringt.

In erster Linie wurden die EuroTalk-Discs jedoch entwickelt, damit Sie Spaß beim Lernen haben. Zu Beginn der 90er Jahre haben Forscher an der Universität von Kalifornien bewiesen, daß unser Gedächtnis wesentlich besser arbeitet, wenn Lernen mit Spaß und Lachen verbunden ist. Und dafür sorgen unsere Quizteile, Spiele und Geschichten. Sie werden erstaunt sein, wieviel Ihr Gedächtnis schon gespeichert hat, auch wenn Sie noch gar nicht lange mit einer Disc gearbeitet haben.

EuroTalk sprogundervisnings-CD'er satser på at hjælpe dig med at forstå og tale et nyt sprog. Ved at høre og øve dig i at tale ægte hverdagssprog vil du udvikle dine naturlige evner til at lære sprog. Fireårige børn i deres eget land kan ikke læse, skrive eller forstå grammatik, og dog kan de kommunikere meget effektivt. Når du rejser til et nyt land, bør du kunne bruge sproget uden overhovedet at skulle tænke på grammatik.

Hver EuroTalk CD har et afsnit, hvor du kan opdage og absorbere sproget, men den virkelige indlæringsproces begynder, når du bruger spillene og quizzerne. Du skal ikke være bange for at gå i gang med disse - du vil blive forbavset over, hvor meget du kan svare rigtigt på, selv om du kun kender nogle få ord. Din selvtillid vil vokse, efterhånden som du svarer rigtigt på flere og flere spørgsmål. Få vores bronzediplom og du vil blive ved, til du får guld!

En vigtig funktion på CD'erne er den enestående 'indspilningsfunktion'. Med denne kan du høre og sammenligne din egen stemme med forskellige indfødte taleres. Ved at efterligne skuespillerne (sommetider er det bedre at gøre dette, når du er alene i værelset), vil du hurtigt opdage, hvor udbytterigt det er at lære sprog med EuroTalk.

Fremfor alt er EuroTalk CD'er beregnet på at være sjove. Forskning i begyndelsen af 1990'erne på universitetet i Californien viste, at man husker bedre, når man har det sjovt og morer sig. Med vores quizzer, spil og historier vil du bestemt gøre dette, og du vil blive forbavset over, hvor meget du husker efter overraskende kort tids forløb med CD'en.

EuroTalk-kielenopiskelulevyjen tarkoituksena on auttaa Sinua ymmärtämään ja puhumaan opiskelemaasi kieltä. Luonnollinen kielen kehityskykysi kehittyy kuuntelemalla ja harjoittelemalla jokapäiväisen kielen käyttöä. Nelivuotiaat eivät pysty lukemaan tai kirjoittamaan kielellään eivätkä he myöskään tiedä mitään kieliopista. Silti he pystyvät kommunikoimaan hyvin tehokkaasti. Niinpä Sinäkin kyseisessä maassa vieraillessasi pystyt todennäköisesti käyttämään opiskelemaasi kieltä tarvitsematta edes ajatella kielioppia.

Kussakin EuroTalk CD:ssä on jakso, jota käyttämällä voit syventyä kielen oppimiseen, mutta todellista edistymistä tapahtuu, kun alat osallistua peleihin ja tietokilpailuihin. Niihin osallistumista ei kannata arkailla - tulet hämmästymään, kuinka paljoon kykenet suppeallakin sanamäärällä. Aseta tavoitteeksesi pronssipalkinnon saavuttaminen, minkä jälkeen haluat tietysti ehdottomasti kultaa!

CD-levyjen tärkeänä ominaisuutena on niiden ainutlaatuinen 'äänitystoiminta'. Sen avulla voit kuunnella ja verrata ääntämystäsi kyseistä kieltä äidinkielenään puhuvien ääntämykseen. Jäljittelemällä heitä (minkä haluat todennäköisesti tehdä ollessasi yksin!) tulet pian havaitsemaan, kuinka tyydyttävää on opiskella kieltä EuroTalkin avustamana.

EuroTalk on suunniteltu ennen kaikkea tekemään kielen opiskelusta hauskaa. Kalifornian yliopiston 1990-luvun alussa suorittama tutkimus paljasti, että muisti parantuu huomattavasti, jos toiminta on hauskaa ja viihdyttävää. CD-levymme tietokilpailut, pelit ja tarinat tarjoavat tätä ja tulet hämmästymään, kuinka pajon pystyt muistamaan lyhyessäkin ajassa CD-levyä apunasi käyttämällä.

Os discos de aprendizagem de línguas EuroTalk visam ajudá-lo a compreender e a falar uma nova língua. Ouvindo e praticando a linguagem autêntica do dia-a-dia, a sua capacidade natural para as línguas desenvolver-se-á. As crianças de quatro anos de idade, nos seus países, não sabem ler ou escrever e não compreendem a gramática, no entanto conseguem comunicar muito eficazmente. Quando vamos a um novo país, devemos ser capazes de usar a língua sem pensarmos de todo na gramática.

Cada CD EuroTalk tem uma secção onde poderá descobrir e absorver a língua, mas o processo de aprendizagem real começa com os jogos e as perguntas de cultura geral. Não tenha receio de começar por eles, vai admirar-se com o número de respostas certas que irá conseguir, mesmo quando ainda só conhecer algumas das palavras. A sua confiança aumentará à medida que for conseguindo responder correctamente a um número cada vez maior de perguntas. Obtenha o seu prémio de Bronze e em breve irá querer tentar o prémio de Ouro!

Um traço importante destes discos é a exclusiva função de "gravação", que lhe permite ouvir e comparar a sua voz com a voz de vários falantes nativos. Imitando os actores (por vezes é preferível praticar num quarto sozinho!), depressa descobrirá como é compensador aprender uma língua com o método EuroTalk.

Os discos EuroTalk foram concebidos de forma a serem, acima de tudo, divertidos. Investigações efectuadas no início da década de 90, na Universidade da Califórnia, revelaram que a memória é grandemente melhorada quando estimulada por diversão e riso. As nossas perguntas de cultura geral, jogos e histórias oferecem-lhe isto mesmo e vai espantar-se com o que consegue recordar após um período surpreendentemente curto dedicado a um disco.

تهدف أقراص تعليم اللغات التي تنتجها يوروتوك الى مساعدتكم على **تفهم** لغة جديدة **والتحدث** بها . وستنطور قدراتكم اللغوية الطبيعية من خلال سماع وممارسة الحديث اليومي المعتاد في تلك اللغة. فمثلاً، لا يستطيع الأطفال في الرابعة من عمرهم القراءة أو الكتابة، ولا يفهمون النحو والصرف، ولكنهم قادرون على التحدث بفعالية كبيرة. وعندما تزورون بلداً جديداً، سيكون بوسعكم (استخدام لغتها بدون الحاجة الى التفكير في قواعدها النحوية على الاطلاق.

ويوجد في كل قرص من أقراص يوروتوك قسم يمكنكم من خلاله استكشاف وتشرب اللغة، ولكن عملية التعلم الحقيقية تبدأ عندما تتعاملون مع **الأسئلة والألعاب** والتي يجب ألا تتخوفون من البدء بها، فسوف تدهشكم نسبة اجاباتكم الصحيحة حتى ولو لم يكن لديك سوى مخزون ضئيل من المفردات. وستزداد ثقتكم كلما ازداد عدد الاجابات الصحيحة. وعندما تفوزون بجائزتنا البرونزية، ستودون المثابرة لاحراز الجائزة الذهبية.

واحدى المميزات الهامة التي توفرها لكم الأقراص هي **مزية التسجيل**. وهي تمكنكم من سماع صوتكم ومقارنته بأصوات متنوعة لمتحدثي اللغة الأصليين. وبمحاكاة صوت الممثلين (وقد يستحسن في بعض الأحيان ممارسة هذا التمرين في حجرة بمفردكم!) ستستكشفون سريعاً المكاسب الكبيرة التي يحققها لكم تعلم اللغات مع يوروتوك.

والأهم هو أن أقراص يوروتوك قد **صممت لتكون ممتعة**، حيث أوضحت أبحاث أجريت في جامعة كاليفورنيا في بداية التسعينيات أن قوة الذاكرة تتحسن كثيراً كلما اقترن التعلم بالضحك والمرح. وهو ما توفره لكم أسئلتنا وألعابنا وقصصنا، وكم سيدهشكم مقدار ما تذكرونه بعد وقت قصير للغاية من التركيز التام في أحد تلك الأقراص الممتعة.

EuroTalk公司的语言学习光盘旨在帮助您理解和学讲一种外语。通过收听、练习地道的日常谈话，您天赋的语言学习能力就会提高。四岁儿童在自己的国家不会阅读、书写，也不能理解语法，但却能有效地进行交流。当你去外国时，你应该能操该国的语言，而无需考虑其语法。

每张EuroTalk光盘都有供你发现并吸收所选外语的课程，但真正的学习过程是在你玩游戏或解谜时开始的。不用害怕这些学习方法:你会对自己仅仅知道几个字就能给出许多准确的答案而感到惊讶。随着你能回答越来越多的问题，你的自信心也会大大增加。一旦得到我们的 "铜奖"，你会不停地努力，力争得到 "金奖"!

这些光盘的一个重要特征是独特的 "录音" 功能。这使你能听到自己的发音，并将其与各种当地人的发音相比较。通过模仿这些演员(以防别人误会，最好单独在房间里进行!)，你很快能看到借助EuroTalk学习语言的效果有多好。

首先，EuroTalk光盘妙趣横生。九十年代初在加利福尼亚大学所做的研究表明，记忆力会因妙趣和愉快轻松而大大提高。我们的谜、游戏与故事具有这些特点。你会因自己在光盘上花如此短的时间就能记住很多而惊奇。

ユーロトーク言語学習ディスクはあなたが新しい外国語を理解し、話せるようになるようお手伝いするために開発されました。ネイティブスピーカーの日常会話を聞き、練習することによって、潜在的な語学能力が養われます。例えば、4歳の子供は読み書きはできませんし、文法も知りませんが、十分に意志疎通を図ることが可能です。ユーロトークで外国語を学んでおけば、その国を訪れた時、文法のことなどまったく考えずに言葉を活用することができるでしょう。

各ユーロトークCDには外国語を発見し、吸収するよう構成されたセクションもありますが、本当の習得プロセスは「ゲームとクイズ」から始まります。勇気を出してトライしてみて下さい-いくつかの単語を知っているだけでもかなりの得点があげられることに、きっとびっくりするはずです。正解の頻度が上がれば上がるほど、自信も沸いてきます。まずはブロンズ賞にチャレンジ。ゴールド賞を取るまで続けたくなることでしょう。

ユーロトークならではのユニークな特徴は「録音機能」です。様々なネイティブスピーカーの声とあなたの声を耳で聴いて比べることができます。声優の声を真似することによって(部屋で一人で練習したほうがいい場合もあります!)、ユーロトークを使った語学学習がどれほど効果的か、すぐに理解していただけることでしょう。

ユーロトーク・ディスクは「楽しく学ぶ」ことを基本に開発されています。笑いながら楽しく学んだほうが、記憶力が増進することは、1990年代初期に行われたカリフォルニア大学の調査からも明らかになっています。ユーロトークに収録されているクイズ、ゲーム、ストーリーは楽しさ一杯、短時間使用しただけでも、実に多くのことを記憶していることに、あなた自身驚かれることでしょう。

Ελληνικά

Οι δίσκοι εκμάθησης γλώσσας της EuroTalk σκοπεύουν να σας βοηθήσουν να κατανοήσετε και να μιλήσετε μια νέα γλώσσα. Ακούγοντας και εξασκώντας αυθεντική καθομιλουμένη ομιλία, η φυσική σας ικανότητα για νέες γλώσσες θα αναπτυχθεί. Παιδάκια τεσσάρων ετών στη δική τους χώρα δε μπορούν να διαβάσουν, να γράψουν ή να καταλάβουν τη γραμματική, αλλά πάντως μπορούν και επικοινωνούν πολύ αποτελεσματικά. Όταν επισκεφθείτε κάποια νέα χώρα πρέπει να μπορείτε να χρησιμοποιείτε τη γλώσσα χωρίς να σκέπτεστε καθόλου τη γραμματική.

Κάθε EuroTalk CD περιέχει ένα τμήμα όπου μπορείτε να ανακαλύψετε και να αφομοιώσετε τη γλώσσα, αλλά η πραγματική διαδικασία εκμάθησης αρχίζει όταν κάνετε τα παιγνίδια και τους γρίφους. Μη φοβάστε να αρχίσετε από αυτά - θα εκπλαγείτε από πόσα θα βρείτε σωστά ακόμα και εάν ξέρετε μόνο λίγες λέξεις. Η αυτοπεποίθησή σας θα μεγαλώνει συνεχώς όσο περισσότερες ερωτήσεις απαντάτε σωστά. Πάρτε το Χάλκινο Βραβείο μας και θα θέλετε να συνεχίσετε γιά Χρυσό!

Ένα σημαντικό χαρακτηριστικό των δίσκων είναι η μοναδική δυνατότητα "εγγραφής". Αυτό σας επιτρέπει να ακούτε και να συγκρίνετε τη φωνή σας με τη φωνή διαφόρων γηγενών ομιλητών. Μιμώμενοι τους ηθοποιούς (καλύτερα να το κάνετε σ'ένα δωμάτιο μόνος σας!) θα δείτε σύντομα πόσο ικανοποιητική είναι η εκμάθηση με τα CD της EuroTalk.

Πάνω απ'όλα, οι δίσκοι της EuroTalk είναι σχεδιασμένοι να είναι ευχάριστοι. Έρευνες που έγιναν στίς αρχές του 1990 στο Πανεπιστήμιο της Καλιφόρνιας έδειξαν ότι η μνήμη βελτιώνεται σημαντικά όταν η εκμάθηση συνοδεύεται από αστείο και γέλιο. Αυτά προσφέρουν οι γρίφοι, τα παιγνίδια και οι ιστορίες μας και θα εκπλαγείτε από πόσα θα θυμάστε μετά από πολύ λίγο χρόνο αφιερωμένο σε κάποιο δίσκο.

Türkçe

EuroTalk dil öğrenim diskleri, yeni bir dili **anlamanıza** ve **konuşmanıza** yardım amacıyla hazırlanmıştır. Doğal dil öğrenme yeteneğiniz, yaşayan günlük konuşma dilini duyarak ve konuşarak gelişecektir. Dört yaşında olan çocuklar, kendi anadillerinde okuma, yazma ya da dilbilgisi kuralların anlama düzeyinde olmamalarına rağmen, etkin bir biçimde konuşabilirler. Yeni bir ülkeye gittiğinizde o ülkenin dilini dilbilgisi kurallarını düşünmeden öğrenmeye çalışmalısınız.

Her EuroTalk Yoğun Diski, dili öğrenmenize ve iyice anlamanıza yardımda bulunacak bir bölüm içermektedir. Fakat, asıl öğrenme süreci, **oyunlarla** ve **bulmacalarla** başlamaktadır. Oyunlar ve bulmacalarla başlamaktan çekinmeyiniz. Yalnızca birkaç sözcük birikimiyle, ne kadar doğru yanıtlar verdiğinize siz bile şaşıracaksınız. Sorulara doğru yanıtlar verdikçe, kendinize güveniniz daha da artacaktır. Tunç Ödülü'müzü aldıktan sonra, Altın Ödül için çaba göstermelisiniz.

Disklerin önemli bir özelliği, kendine özgü **'kayıt' niteliğidir.** Bu özellik, size öğrendiğiniz dili anadil olarak konuşan birçok kişinin sesletimini kendi sesinizle karşılaştırma ve kendi sesinizi duyma olanağı sağlar. Bazen kendinize ait bir odada tek başına konuşmaları öykünerek, EuroTalk ile dil öğrenmenin gereksinimlerinize ne kadar uygun düştüğüne tanık olacaksınız.

Her şeyden önce, EuroTalk diskleri dili öğrenmeyi **eğlence haline getirme amacıyla tasarımlanmıştır.** Kaliforniya Üniversitesi'nde 1990'lı yılların başlarında yapılan araştırmaya göre eğlence ve gülmenin belleği esaslı bir biçimde geliştirdiği sonucuna varılmıştır. Bulmacalar, oyunlar ve öyküler size bu olanağı sağlamaktadır. Disk'e ayıracağınız kısa bir sürenin bile, anımsamanıza ne kadar yardımı olacağına şaşırıp kalacaksınız.

Русский язык

Диски фирмы "EuroTalk" для обучения языкам предназначены для оказания помощи в **понимании и разговоре** на новом языке. Естественная способность развивается путём прослушивания и практики подлинного ежедневного разговорного языка. Четырёхлетние дети в своей родной стране не могут читать, писать и не понимают грамматику родного языка, однако, они довольно успешно могут общаться с окружающими людьми. Когда Вы отправляетесь в чужую страну, Вам нужно уметь говорить на её языке, не задумываясь о грамматике.

Каждый диск "EuroTalk" имеет раздел, в котором Вы можете познакомиться и заинтересоваться языком, однако, настоящий процесс обучения начинается с **игр и вопросов-ответов.** Начинайте прямо с них - Вы сами убедитесь в Вашем успехе, даже если Вы знаете всего несколько слов. Ваша уверенность будет расти с каждым правильным ответом. Получив бронзовую медаль, Вы захотите выиграть золотую!

Очень полезным свойством дисков является возможность **записывать** на них. Это позволяет Вам услышать себя и сравнить с различными носителями изучаемого языка. Подражая актёрам (иногда лучше быть одному в комнате!), Вы скоро убедитесь, как легко учить язык по дискам "EuroTalk".

Кроме того, диски "EuroTalk" **делают обучение удовольствием.** Исследования в начале девяностых годов в Калифорнийском университете показали, что запоминание облегчается, если в процесс внесены шутки и веселье. Наши вопросы-ответы и истории обеспечивают это условие, и Вы с удивлением заметите, как много Вы запомнили после очень короткого времени работы с диском.

תקליטוני יורוטוק ללימוד שפות נועדו לעזור לך **להבין ולדבר** בשפה חדשה. על ידי כך שתקשיב
לדיבור יום-יומי נכון ותתרגל אותו, תוכל לפתח את כשרונך הטבעי לשפות. ילדים בני ארבע הדוברים
בשפת אימם אינם מסוגלים לקרוא, לכתוב או להבין דקדוק, אך הם יוצרים תקשורת יעילה עם
סביבתם. כאשר אתה נוסע לארץ זרה, כדאי שתוכל להשתמש בשפת המקום מבלי לחשוב כלל על
דקדוק.

כל תקליטון קומפקטי של יורוטוק כולל פרק בו תוכל לגלות את השפה ולספוג אותה, אך תהליך
הלימוד הממשי מתחיל כאשר אתה מגיע **למשחקים ולחידונים**. אל תחשוש מפניהם – אתה תופתע
למצוא כמה אתה יודע, אפילו כאשר אתה מכיר מספר מלים בלבד. מספר תשובותיך הנכונות יגדל
כל הזמן, ואיתם בטחונך העצמי. אחרי השגת מדליית הארד תרצה להמשיך למדליית הזהב!

היבט חשוב של התקליטונים הוא מיתקן ה**'הקלטה' היחודי**. מיתקן זה מאפשר לך להקשיב לקולך
שלך, ולהשוואתו למבחר דוברים בשפת אימם. על ידי חיקוי השחקנים (לפעמים טוב לעשות זאת
כאשר אתה לבדך בחדר!) תגלה במהירה עד כמה לימוד שפות עם יורוטוק עוזר להתקדמותך.

מעל לכל, תקליטוני יורוטוק נועדו לשלב **לימוד והנאה**. מחקר שנעשה בראשית שנות התשעים
באוניברסיטת קליפורניה גילה שתהליך הזכירה משתפר ביותר כאשר הוא מלווה בשעשוע וצחוק.
החידונים, המשחקים והסיפורים שלנו מעניקים לך כל זאת, ותופתע להיווכח כמה אתה זוכר אחרי
זמן קצר להפליא שהקדשת לכל תקליטון.

Dyski do nauki języków obcych EuroTalk mają za zadanie nauczyć zarówno **rozumienia** jak i
mówienia. Twoje naturalne zdolności językowe, rozwijają się najlepiej poprzez słuchanie i imitację
autentycznej, potocznej mowy. Czteroletnie dzieci nie potrafią pisać i nie znają zasad gramatyki, ale
potrafią skutecznie porozumiewać się w swoim języku. Podczas swoich wycieczek zagranicznych
powinni Państwo porozumiewać się bez zastanawiania się nad formami gramatycznymi.

Każdy CD EuroTalk posiada rozdział, który zawiera skarbnicę informacji o danym języku
pozwalającą wchłaniać studiowany język - jednak prawdziwy proces nauczania ma miejsce
podczas **gier i kwizów** językowych. Naukę można rozpocząć bezpośrednio od nich - będą
Państwo zaskoczeni jak wiele można zrozumieć znając jedynie kilka słówek. W miarę tego jak
uzyskiwać będziecie Państwo coraz więcej poprawnych odpowiedzi, będzie rosła Wasza pewność
lingwistyczna. Zdobywszy Brązowy Medal będziecie chcieli zmierzyć swoich sił w szrankach o Złoty
Medal!

Ważną cechą dysku jest unikalna **funkcja zapisu.** Pozwala ona słuchać i porównywać swój głos
z głosem różnych, rodzimych użytkowników danego języka. Poprzez naśladowanie aktorów (co
czasem lepiej jest robić na osobności w swoim pokoju) zobaczą Państwo jaką satysfakcję sprawia
nauka języków w trybie EuroTalk.

Najważniejsze jednak to to, że dyski EuroTalk opracowane są tak, **aby nauka była zabawą**.
Badania na początku lat 1990-tych przeprowadzone na Uniwersytecie Kalifornijskim wykazały, że
zapamiętywanie jest lepsze jeśli nauce towarzyszy atmosfera zabawy i humor. Nasze kwizy, zabawy
i historyjki dydaktyczne dają Państwu takie właśnie warunki nauki - będziecie Państwo zdumieni jak
wiele zapamiętuje się po krótkim okresie zabawy z dyskiem.

The Language
Company

EuroTalk

Willkommen

Добро пожаловать!

Bienvenue

Welcome

EuroTalk Limited
315-317 New Kings Road, London SW6 4RF, United Kingdom
Telephone: +44 (0)171 371 7711 Fax: +44 (0)171 371 7781
email: 100442.1701@COMPUSERVE.COM

1 9